삶의 한 조각 사진시집

라떼는 말이야

시와 사진 / 유제원

성원인쇄문화사

라떼는 말이야

　　내가 어디로 가는지도 모르고 흙탕물에 휩쓸려 떠내려가다 어느 날 사진과 마주하며 내 마음 속 나를 들여다보던 삶, 우리는 어디서 와서 어디로 가는지 알 수 없지만 가끔은 길도 아닌 길을 가다 뒤 돌아 보듯이 인생길에 지치고 나서야 스스로에게 질문을 던지는 바보가 되기도 합니다.

　　나의 시집 '라떼는 말이야'라는 제목을 보고 건방지고 늙은 쓸데없는 이야기만 하는 꼰대를 떠 올리겠지만 이 시들은 인생의 보릿고개도 넘어보고 산전수전 다 겪으며 살아온 한 인생의 삶의 이야기입니다.

　　꼰대들은 스마트폰 속의 지식은 부족할지라도 인생경험에서 얻어진 지혜를 가지고 있으면서도 하고 싶은 말도 참으며 시대를 이해하고 물끄러미 바라보고 살아왔습니다.

　　그렇기에 나의 시는 옛 국민학교 시절 소풍의 하이라이트였던 '보물찾기'의 보물처럼 감추어 놓지 않고 우리들 옆구리 쪽으로 슬쩍 밀어놓았습니다.

　　시를 공부할 때 원관념은 가급적 숨겨 놓으라고 배웠어도 숨겨놓지 않았습니다. 사진도 비밀이 많아야 좋은 작품이라 말하지만 순수사진의

예술성에 연연하지 않고 우리네 인생의 기록사진으로 모두의 앨범 속에서 만나는 그런 작품으로 함께 하였습니다.

이름있는 시인의 시를 읽으면 우선 시어詩語부터 남다릅니다. 그 멋진 시어를 어디서 구해왔는지 부러웠습니다. 읽고 난 뒤 느낌도 다릅니다.

그런 시는 몇 번이고 읽어야 합니다. 이해하려고 애를 써야 합니다. 피카소가 자신의 그림 앞에서 '도대체 무슨 그림을 그렸는지 모르겠다'고 말하는 관객에게 "알아듣지도 못하는 새소리는 아름답다" 말하면서 눈에 보이는 그림을 보고 '아름답다'라는 말 한마디 못해주느냐며 핀잔을 주었던 그림처럼 몰라도 고개를 끄덕이며 칭찬을 해야 하는 그런 시가 아닙니다.

나의 시는 평범한 라떼처럼 그저 달콤하고 약간 씁쓸한 커피의 우유 거품이 입에 묻어 살짝 녹아내리는 나이든 아내의 입술을 보며 인생이 무엇인지 삶의 의미를 찾고 앞으로 남은 인생 어떻게 살 것인가 생각하는 꼰대의 넋두리인지도 모릅니다.

오늘도 당신과 함께 라떼향을 맡고 싶습니다.

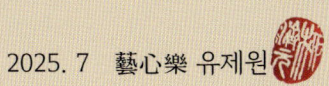

2025. 7   藝心樂 유제원

삶의 한 조각 사진 속에 시詩가 있었네

01 | 왜 사느냐고 묻거든
02 | 우산
03 | 욕심
04 | 기다림, 아내의 수라상
05 | 先上님
06 | 대못 하나
07 | 더하고 빼고 곱하고 나누고
08 | 친구
09 | 겨울
10 | 살얼음판 인생이었어
11 | 내 시는 말이야
12 | 오늘은 일요일
13 | 1, 2 | 타령, 쟁이
14 | 스스로 그러한데

15 | 전화번호
16 | 꿈
17 | 뉘우치다
18 | 미친美親사람이 좋아
19 | 현대 시
20 | 후회
21 | 풍경風磬
22 | 비움에 대하여
23 | 시시 詩詩하다
24 | 율곡매에게
25 | 4군자
26 | 감
27 | 대장간
28 | 모과처럼

29 | 인명

30 | 0이라는 바퀴

31 | 버릇

32 | 공든 탑

33 | 조상님 전상서

34 | 시계 밥먹던 시대

35 | 여보 생각나

36 | 수행, 일기

37 | 양심

38 | 첫차

39 | 변했어

40 | 아내

41 | 첫사랑

42 | 눈오는 날

43 | 젖은 낙엽

44 | 인생

45 | 복

46 | 아직도 모르나 봐

47 | 여유

48 | 안개낀 날

49 | 월파정

50 | 어쩌면 좋아

51 | 여행

52 | 운명아 고마워

53 | 고향가기 전

54 | 고독

55 | 세월

56 | 이승에 귀양 온 역려과객
　　　逆旅過客이라 했다지

만화책 읽는 아이들 / 1980년대 속초

江湖之樂 강호지락 / 자연을 벗 삼아 살아가는 즐거움

왜 사느냐고 묻거든

낙타처럼 살았어
무거운 짐을 지고 행복했었지

사자처럼도 살았어
자유롭게 새로운 나를 찾기도 했어

이제 아이처럼 살아
그냥 재미있게 놀고 있어

왜 사느냐고 묻거든

산토끼는 왜 사는지 알까
죽은 토끼는 왜 죽었는지 알까

왜 사느냐고 묻거든
시 한 편 써보고 싶어 산다고 말하면 돼

우산

소나기 오던 날
학교 앞 문방구 처마 밑에서
소나기를 맞고 있다

찢어져 버려진 우산
그 찢어진 우산이라도
있었으면 좋을텐데

아니 저기 저 사람들
우산은 두 개인데
우산하나만 쓰고 가네
우산하나 나에게 빌려주지

쏟아지는 비가 좋은가봐
남자의 어깨가 젖었는데
무엇이 즐거운지 웃으며 가는데

물에 빠진 생쥐 한 마리
집으로 뛰어가네

학교가는 아이들 / 1980년 강릉

驟雨不終日 취우부종일 / 소나기는 하루 종일 오지 않는다는 뜻

욕심

차 한 잔 하고 싶은 친구
밥 같이 먹고 싶은 연인
술 한 잔 사주고 싶은 상사

주고 싶은 마음에도
욕심이 있었다는 걸
욕심을 버리고 나니 알게 되더라

肥己之慾 비기지욕 / 자기 몸만 이롭게 하려는 욕심

운동회 국민체조 / 1990년대말 강릉

아낌없이 주는 나무처럼
아낌없이 주어야 하는데
바라는 것이 숨어 있었어

인생은 고기서 고기라며
욕심이 숨어 있었어

운동회 마스게임 / 1990년대말 강릉

기다림

오지 않는 버스를 기다리며
눈보라를 맞던 어린 추억

1분이 지났는데 오지 않는다며
투덜거리는 내 모습

누군가 보고 있겠지

鶴首苦待 학수고대 / 학의 목처럼 목을 길게 빼고 간절히 기다림

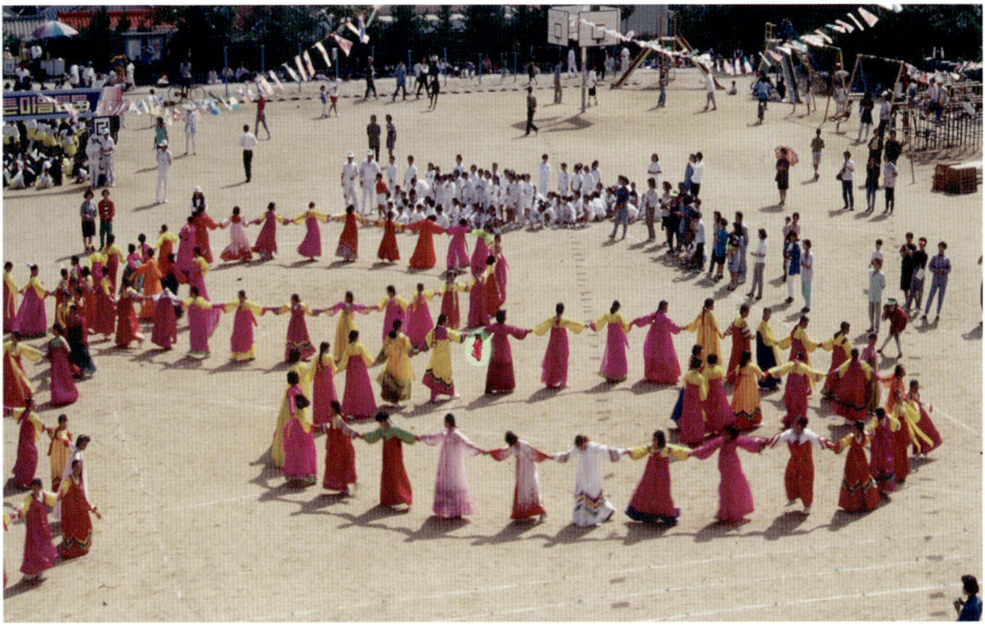

아내의 수라상

아내가 평생 차려준 수 만 그릇 밥은
늘 수라상이었는데

아내가 친구 만나 놀던 늦은 밤
들어오는 문소리에 눈 흘기던 날

왜 그랬을까?
왜 그랬을까?

운동회 / 1990년대말 강릉

先上님　　　초등학교 선생先生님이
　　　　　　샘으로 바뀌어도

獨學孤陋 독학고루 / 스승 없이 혼자서 공부한 사람은 견문이 넓지 못하여 생각이 좁다는 뜻

운동회 큰공 굴리기 / 1990년대말 강릉

시골학교 선생님은 先上님
할아버지도 고개 숙여 先上님
아버지도 고개 숙여 先上님
아이들도 저절로 先上님하네

할아버지의 先上님,
아버지의 先上님,
선생님의 사투리인줄 알았더니
하늘처럼 존경하겠다고
先上님이라 불렀다네

대못 하나

비가 새는 양철지붕에 함석을 덧대고
작은 못 여러 개를 박으면서
친구가 준 대못을 어찌 할까 생각중이다

대못을 뽑고 나면 벽에 구멍이 뻥 뚫려
가슴이 허해 더 쓰리고 아릴 것이다

배가 허하면 라면이라도 끓여먹으면 되는데
이 새벽 허하고 쓰리기까지 한 가슴
친구에게 대못하나 선물해야겠다

친구에게 대못하나 선물한 날
내 가슴의 대못은 이제 더 이상 빠지지 않는다
아무리 발버둥쳐도 옹이가 되어 버린

대못 하나

권투시합 / 1975년 삼척 도계초등학교

―語傷人 일어상인 / 한마디 말도 남의 마음에 상처를 줄 수 있으니 말조심 하라는 뜻

사방치기 놀이 / 1975년 도계

더하고 빼고 곱하고 나누고

초등학교 입학식날
어머니 손잡고 학교가던
기쁜 마음은 더하고

가슴에 옹이가 된
슬픈 마음은 빼고

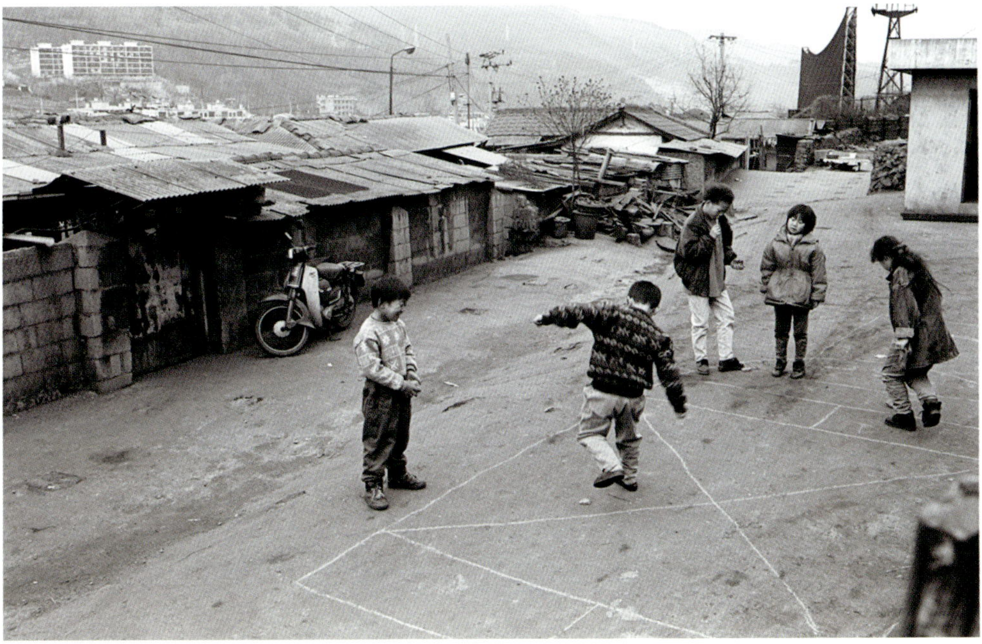

별을 따다 주고 싶은 　　　　　아리랑 쓰리랑 노래 부르며
사랑하는 마음은 곱하고 　　　한恨의 마음은 나누어야지

恕而行之 서이행지 / 용서하고 행동한다는 뜻으로, 남의 처지를 이해하는 마음으로 실천한다는 뜻

친구

커피 한잔 마시는 시간보다
시 한편 읽는 시간이
길었으면 좋겠다

친구와 수다떠는 시간보다
그림 한 점 보는 시간이
길었으면 좋겠다

交淺言深 고천언심 / 사귄지는 오래지 않아도 심중을 털어놓고 이야기할 수 있는 친구

시와 그림을 나누어 보다
친구가 떠나고 나면
'강물에 지는 노을을
원망스레 바라보는'
겸재 정선과 사천 이병연같은
불알 친구가 있으면
더 좋겠다

배를 모는 아이들 / 1970년대말 주문진 향호

겨울

겨울이면 눈싸움하고
남대천에서 얼음배 타고

젖은 신발신고 들어오면
야단도 치지 않고
부뚜막 뒤에 놓으셨던 어머니

학교가는 아침
문지방 아래 놓여있던
따뜻한 신발

어머니는 늘 흙으로 된 부뚜막을
닦고 또 닦으며 저녁밥 지으셨는데

어머니는 부뚜막을 닦으며
무슨 생각을 하셨을까

눈싸움 / 1980년대말 태백

蟬不知雪 선부지설 / 매미는 여름 한 철 살다 죽으니 눈 내리는 겨울을 모른다는 뜻으로 견문이 좁은 것을 의미함

얼음배 타기 / 1970년대말 강릉

살얼음판 인생이었어

돌아보면 내 인생 살얼음판이었어
늘 조심스럽게 살아온 것 같아
살다보니 그렇게 밖에 살지 못 했어
남 앞에서 소리 한번 질러 보지 않았고
남을 해한 일도 없었네
마음이 아파 밤새 힘들어 했던 적은 있으나
아침이면 또 살얼음판 위로 걸어 나갔어
그래도 불행했다고 생각한 적 없어

행복은 밖에서 오는 것이 아니라
내 마음 속에서 피어나는 꽃이라는 것을
알기 시작할 때는
벌써 머리가 희끗희끗해진 뒤라
이 새벽 시 한편 써본다네
소중한 사람들에게
따뜻해진 내 마음 전해주고파

人生草露 인생초로 / 사람의 삶은 풀에 맺힌 이슬처럼 덧없음을 비유하여 이르는 말

산솜다리 / 2020년 양양 흘림골

내 시는 말이야

내 시는 말이야
사람처럼 살지 않았으면서 사람같이 시 쓰는
AI가 써준 데이터같은 시가 아니야

내 시는 말이야
삶의 힘이 되고 슬픔을 위로하지는 못하지만
내 시는 시골길에서 만나는 국화향같은 시야
누군가 읽다 잠드는 자장가가 되는 것은 싫어

내 시는 말이야
밥 냄새같은 친구처럼 늘 함께 했으면 좋겠어
쟁반에 홍시처럼 누군가에게 주었으면 좋겠어

내 시는 말이야
아름다운 마음이 V 기도하지
아름다운 마음이기도하지 !

畵中有詩 화중유시 / 그림 속에 시적 정취가 있음을 뜻함

오늘은 일요일

나에게도 일요일이 있습니다.

퇴직한지 10년 가까이 된 지금도
월요일이면 월요병 걸린 직장인처럼
꾀병이라도 부리고 싶습니다.

두 손녀딸 어린이집 데려다 주고
한 녀석 학원까지 데려다 주는 날은
꾀병이라도 부리고 싶습니다.

오늘은 일요일입니다.
9시가 되어 일어나도 되는 행복한 날입니다.

이럴 줄 알았으면 멀리 떨어져 살 걸

이렇게 도와주면
나 떠날 때 웃으며 떠날 수 있게 도와주려나

孝子愛日 효자애일 / 효자는 날을 아낀다는 뜻으로, 부모에게 효도하라는 뜻

노랑망태버섯 / 2022년 강릉

노루귀 / 2023년 강릉

타령

궂은비, 실비, 아니 여우비 내리는 날
샛바람, 하늬바람 아니 왕바람 까지 불어대니
나는 할 일없어 선잠, 노루잠 자다 저승잠 들었구나

나도바람꽃 / 2021년 청태산

쟁이

남한산, 북한산 아니 높고도 깊은 설악산에
매화꽃, 살구꽃 아니 노루귀가 피어나니
꽃쟁이 환쟁이 아니 글쟁이까지 미쳤구나

積土成山 적토성산 / 쌓인 흙이 산을 이루듯, 작은 노력으로 기술을 완성하는 과정을 말함

모데미풀 / 2023년 대관령

天變地異 천변지이 / 하늘과 땅에서 일어나는 다양한 모습을 이르는 말

스스로 그러한데

자연은 스스로 그러하다
해와 달이 스스로 그러하고
산도 바다도 스스로 그러하다

살랑거리는 봄바람은
언 땅 깊은 곳에서 봄을 키우고
존재하는 생명들은 원융무애하며 사는데

잎새의 물방울이 돌 틈 사이로
부딪히고 넘어지고 굴러도
누구하나 시비걸지 않는데

천지인天地人이라며 권력을 휘두르는 자
그 누구인가

헝클어뜨리고 뒤집어 버리는 자
그 누구인가

소나무 / 2021년 강릉

以聽得心 이청득심 / '상대방의 말을 귀 기울여 들으면 그 마음을 얻을 수 있다'는 논어의 가르침

전화번호

주유소는 5151 치과는 2875
이사짐센터 2424 오리구이집 5292

나의 사랑스런 천사 1004
열렬히 사모해요 1010235

전화번호 좋은 것 얻으려고
경쟁도 했지

지금은 사랑하는 사람 전화번호
기억도 못 하면서

그래도 잊지 말게

그 옛날 삐삐로 전하면 들려오던
100024 많이 사랑하는 마음
따뜻했던 목소리 사랑해486

솔바람 일더니 / 2021년 강릉 초당

꿈

젊은 날
친구와 밤새 무슨 이야기를 그리 나누었는지
꿈이었나 봐

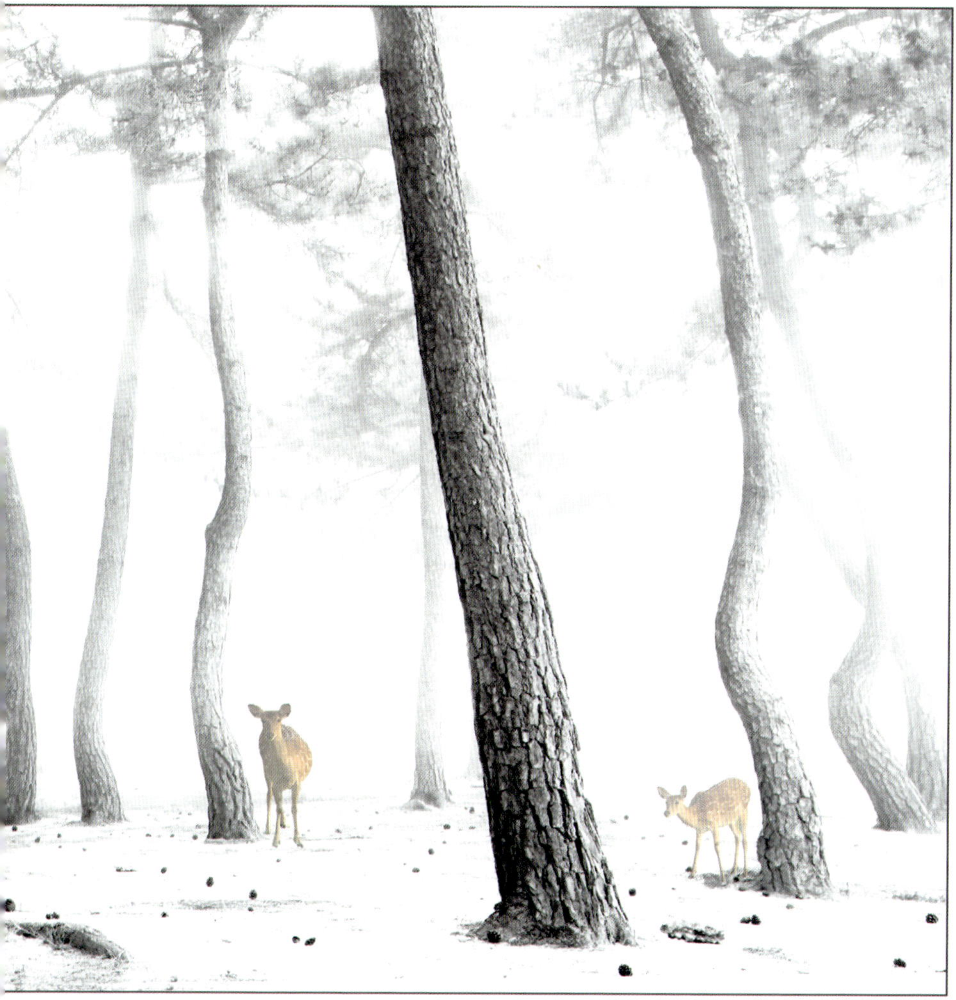

어머니도 꿈을 꾸셨대
고목나무에 큰 복숭아가 달려 있는

그 큰 복숭아가
내 옆에 썩어가고 있네

如眞如夢 여진여몽 / 꿈인지 생시인지 모를 지경임

뉘우치다

남을 미워하면 나만 가슴 아프다는 걸
모기 한 마리 잡으려다 운전대 놓치고 알았고

겨울날 부엌에서 할머니가 구워주신
감자 한 톨이 맛있었다는 걸
부모가 되고 나서 알았네

남들은 모르는 나만의 상처
그것이 부모님 때문이라 생각했었는데

비바람 맞으며 봄 여름 지나고 보니
단풍이 아름다운 이유를 알게 되었네

亡牛補牢 망우보뢰 / '소 잃고 외양간 고친다'는 뜻으로 일을 그르친 뒤에 뉘우쳐도 소용이 없음을 뜻함

솔바람 일더니 / 2018년 강릉 초당

솔바람 일더니 / 2018년 강릉 초당

미친美親사람이 좋아

경마에 미치면 낮에 말을 달리고
바둑에 미치면 꿈에 바둑을 둔다

반 고흐는 귀를 자르고
최북은 눈을 찌르고
걸레스님은 자기가 미쳤다고 했다

책을 너무 많이 읽어 미친 돈키호테
술에 취해야 그림을 그리는 장승업

사람에 미친사람은 스토커라 부르지만
예술에 미친美親사람은 예술가라 부른다네

미친美親사람이 많은 세상
예술이 인간을 구원하는 세상

落筆點蠅 낙필점승 / 붓을 떨어뜨리자 파리로 바뀐다는 뜻으로, 화가의 훌륭한 솜씨를 이르는 말.

書生文學 서생문학 / 아직 습작 과정에 있는 사람의 작품

소나무 / 1988년 강릉

현대 시

4차원 아이들이 자기 집도 못 찾는
그런 시 하나 써야해

자 써보자
제 1의 아이가 울고 있소
제 2의 아이가 울고 있소
제 3의 아이가 울고 있소
- - - -

나처럼 울고 있소

이상의 시를 이해 못해
속이 상해 울고 있소

예쁜 소녀가 웃고 있소
이해인님의 시를 이해하고
행복해서 웃고 있소

福過災生 복과재생 / 복이 너무 지나치면 도리어 재앙이 생김

소나무 / 2021년 강릉 왕산

후회

선크림을 바르지 않아
얼굴이 더 검어진 걸
후회하고 있어

당신이 얼마나 고마웠는지
그저 바라만 본걸
후회하고 있어

즐거운 파티에
나 혼자 다녀온 걸
후회하고 있어

행복은 운명이라며
열심히 살지 않았던 걸
후회하고 있어

내 인생에
감사하지 못한 어리석음을
후회하고 있어

풍경風磬

바람밖에 친구 없는
외로운 암자의 풍경風磬
얼마나 외로워 겨울바람 부르실까

나는 외로우면 시라도 쓰는데
잎새에 떨어지는 물방울 바라보는데

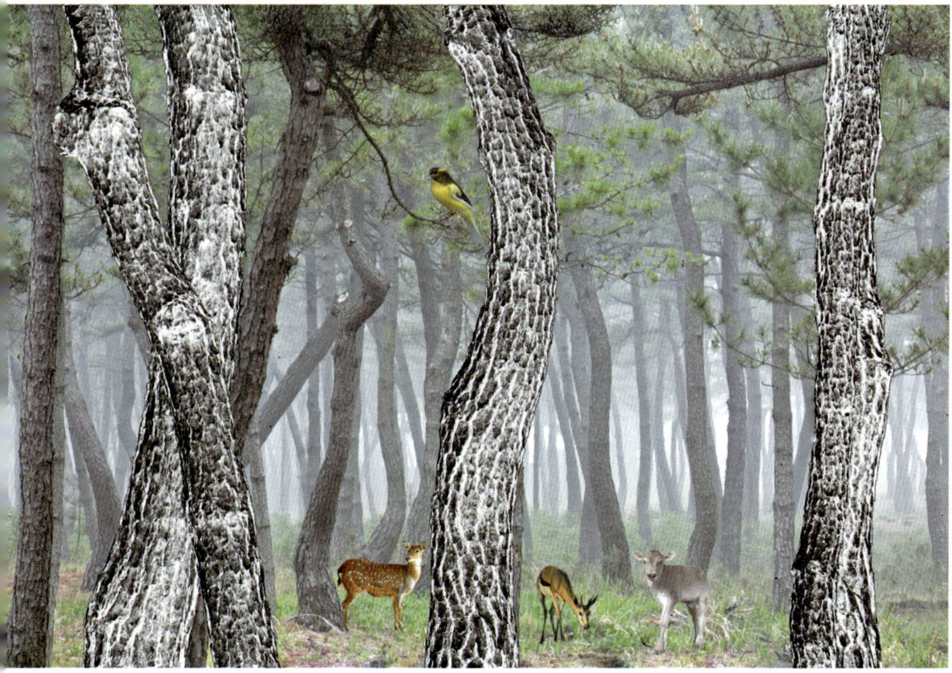

솔바람 일더니 / 2018년 강릉 초당

봄바람 찾아 온 어느 날
홀로 암자 오르는 나를 토닥이며
아직 눈감을 때 아니라며 깨어나라는 말씀

시詩 쓴 원고지에 눈물 떨어지네

孤身隻影 고신척영 / 외로운 몸과 그림자라는 뜻으로, 몸 붙일 곳 없이 떠도는 외로운 신세를 이르는 말

소나무 / 2022년 강릉 고단리

비움에 대하여

소화제를 먹고
침을 맞고
배를 잡고 뒹굴어도
쓰리고 아픈 배는
어찌할 수 없네

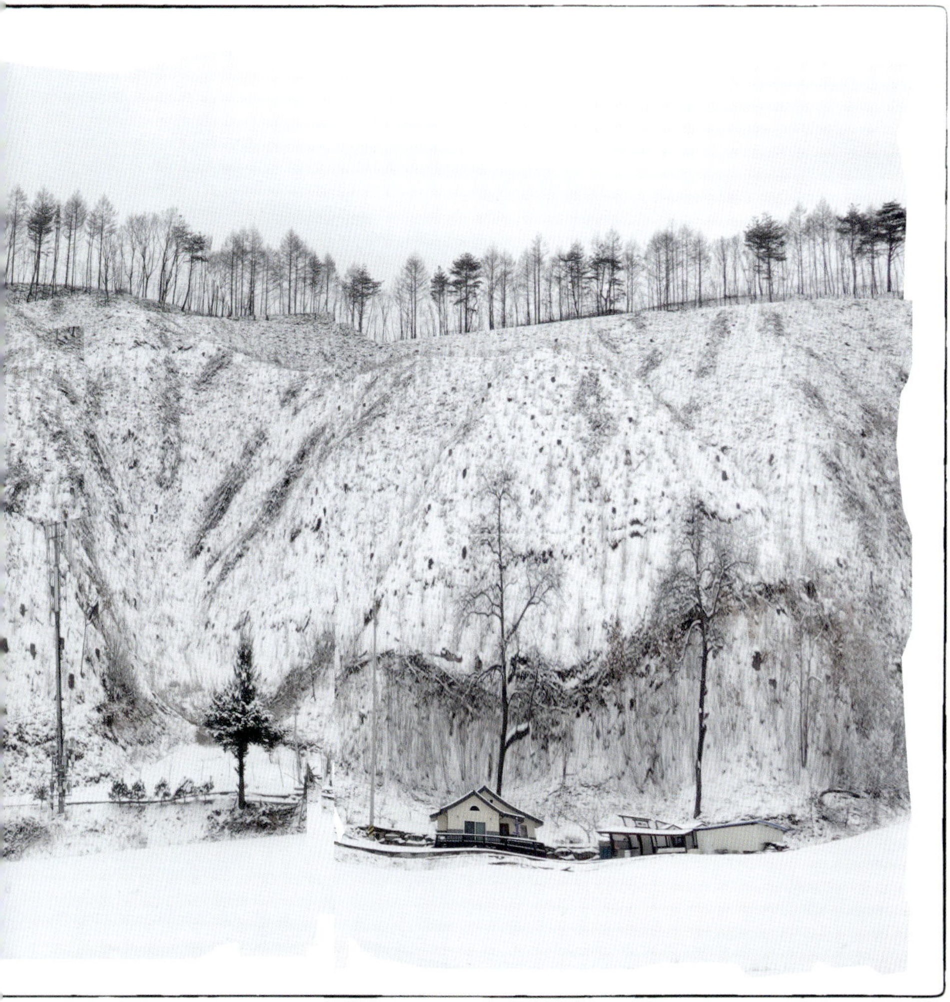

아래 위로 버리며	하루 밤이 지나고 나니	채우는 것보다
죽고 싶을 만큼	눈은 쑤욱 들어가고	비운다는 것이
고통을 이겨내며	세상은 빙빙 돌고	얼마나 힘들다는 것을
		이제사 깨닫네

喫虧是福 끽휴시복 / 밑지는 것이 복이다라는 뜻으로 이익보다 차라리 손해보는 것이 마음이 평화롭다는 말

울산바위 / 2023년 속초

詩詩하다

詩詩하게 살았으니
詩하나 나오지 않지
버려야 詩가 되는데

평생을 햇볕을 쫓아 술통굴리며 살아도
쪽박도 버린 디오게네스처럼

마음도 버리니 맘으로 족한데

낚시밥을 무는 물고기 같은 욕심

어제는 자기 땅을 밟고 다니더니
오늘은 한 삽 흙을 덮고 있구나

乞兒得錦 걸아득금 / '거지 아이가 비단을 얻었다.'는 뜻으로, 분수에 넘치는 일을 자랑함을 비유하는 말

梅不賣香 매불매향 / 매화는 향기를 팔지 않는다는 뜻으로 굳건한 신념을 지키는 선비의 지조를 의미함

매창의 월매도와 율곡매 / 2025년

율곡매에게

강릉 오죽헌 몽룡실 지킨 매화나무
6백년 되었다는 율곡매가 꽃을 피웠다
지난 겨울 무척이나 추웠는데 어찌 견디었을까

몸 받치고 있는 지팡이 더 힘들어하는데
진물이 뚝뚝 떨어지고 구멍이 깊이 패어도
온 힘을 다해 연분홍꽃 피워 봄을 알리네

큰 고통 이겨내고 꽃 피운
율곡매에게 박수를 보낸다
고목 끌어안고 향기를 맡는다

지팡이 짚고 관광 온
저 늙은이에게도
박수를 쳐 주어야 할텐데

오죽헌 오죽헌 몽룡실 옆 600년이 넘은 율곡매가 피었다. 율곡매를 보며 5만원권에 실린 매화도가 생각나 신사임당의 첫째 딸로 알려진 매창의 월매도를 아래쪽에 놓고 합성해보니 신사임당의 가족이 더욱 빛난다.

4군자

구구소한도 붉은 매화 방안이 따뜻해
설레는 마음으로 창호문을 열었더니
코로나 걸린 매화 콧물만 흘리는구나

양반집 창가에 고즈넉이 폼 재더니
산에서 살던 난초 고향이 그리운지
 전시장 개업집 찾아 떠도는 신세 되었구나

찬서리에 꽃과 나비 떠나갈 즈음
은은한 국화 향 코 끝에 머무는데
국화술을 빚어먹던 선비는 어디갔나

나무도 풀도 아닌 것이 사시사철 푸르고
세찬 바람 흔들어도 꺾이지 않더니
아낙에게 들킨 죽순 반찬이 되었구나

홍매 / 2022년 동해 삼화사

登高能賦 등고능부 / 군자는 높은 산에 오르면 반드시 시를 지어 회포를 품.

감

자연은 때를 알아 그러 했는데
까치밥 남기기도 전에 첫눈 내려
하얀 눈 덮어쓰고 빨갛게 얼어버린 홍시

생각이 난다
어릴 적 장독에서 얼음 과자같은
홍시 하나 가져다주신 할머니

그리워 진다
할머니 무릎에 앉아 홍시를 먹던 그 때

지금은 내 무릎에 앉아 먹는 손녀딸의 감젤리
이제 홍시가 감젤리로 변해 버렸네

외양간 / 1996년 삼척 대평리

대장간

시장 모퉁이에 대장장이
불에 달군 쇳덩이 두드리고 두드려
낫도 만들고 호미도 만들고

두드리는 대로
괭이도 되고 도끼도 된다

내 시도 그랬으면 좋겠다
머릿속으로 생각하고
자판을 두드리면

아름다운 꽃이 되었으면 좋겠다
하늘을 나는 새가 되었으면 좋겠다

鉛刀一割 연도일할 / 납으로 만든 연한 칼도 한 번은 자를 힘이 있다는 뜻.

모과처럼

여보게 동생
나이 70이 넘으니 참외와 모과처럼
잘 생겨도 못 생겨도 똑 같더군
그래도 한입에 사라지는 참외는 되지 말게

모진 바람 맞아도 나무에서 버티게
그러다 떨어져도 풀숲에 숨지 말게

식탁에라도 올라 향기라도 풍겨주게
얼굴에 검버섯 피고 몸까지 검어져도
향기는 잃지 말게

어느 날 창문 밖으로 내동댕이쳐져도
울지는 말게
끝까지 향기는 풍겨 주었으니까

投瓜得瓊 투과득경 / 모과를 선물하고 구슬을 얻는다는 뜻으로, 작은 선물에 훌륭한 답례를 받음을 두고 이르는 말

소 / 1996년 삼척 대평리

인명

인명은 재천在天이요
운명은 팔자八字라오

하늘 뜻에 마음 얻고
땅의 뜻에 몸 얻었으니

자연과 함께
감사하며 살으리오

어느 날 운명이 내게 묻는다면
웃으며 이별하게 도와 달라 말하리다

榮枯一炊 영고일취 / 인생이 꽃피고 시드는 것은 한번 밥 짓는 순간같이 덧없고 부질없음을 이르는 말.

쌍겨리 / 1994년 양구 방산면

노새 / 1978년 강릉 남대천

0 이라는 바퀴

젊어서는 언덕길도
남보다 앞서려고
힘들게 올랐습니다

나이 들어 알게 되었습니다.
0 이라는 바퀴는
남 앞에 서지 않는다는 것을

0 처럼 살아야 돼
0 은 세상의 기준이거든

0 처럼 살아야 돼
0 은 홀수도 짝수도 아니거든

十盲一杖 십맹일장 / 열 맹인에 한 개의 지팡이라는 뜻으로, 여러 곳에 긴요하게 쓰이는 물건을 이르는 말.

평화사택 / 1985년 태백 하장성

積習成性 적습성성 / 습관이 오래되다보면 그게 바로 본성이 된다는 뜻

버릇

30년 전 책상 가운데 금까지 그어놓고
넘어오면 죽어 라 말하던 친구

아파트 주차장 삐딱하게 차 세워 놓고
남 주차도 못하게 하네

세 살 버릇 여든까지 간다더니
화선지에 붓으로 찍은 먹물같이
지울 수도 고쳐지지도 않는 심보

어깨 문신에 남의 눈 관심 없더니

관리소장 친구 앞에
들통 난 과거 행각
고개 숙이며 다니는 불쌍한 신세

제 버릇 개도 못준다는 말
자식들도 알게 될거야

입갱 / 1982년 태백

공든 탑

우리네 인생
역전逆轉은 없어
새옹지마塞翁之馬도 아니
노력의 결과야

우리네 인생
十念工夫南無阿彌陀佛이야
염불에는 마음 없고 잿밥에 마음 있었으니
'십년공부 도로아미타불'되는거야

공든탑은 무너지지 않아
다 잡은 고기 놓치는 법도 없어

인생은 뜬구름 같지도 않아

象牙塔 상아탑 / 원래 학문이나 예술에 깊은 경지를 뜻하는 말.

막장사람들 / 1980년대 태백

조상님 전상서

저기 저 사람 세종대왕님 뵙고도 모른 체 지나가다니
저기 저 사람 신사임당님 치마를 무례하게 밟다니

나는 얼른 사방을 둘러보며
함께 인사할 사람을 찾아보다
혼자 허리굽혀 인사드리고
신사임당님의 치마를 툭툭 털어 드리고
집으로 가는 버스에 올랐다

손에는 소주 한 병과 붕어빵 한 봉지를 들고

崇祖尙門 숭조상문 / 조상을 우러러 공경하고 문중을 위함

시계 밥 먹던 시대

시계 밥 먹던 시대
어머니가 시계 밥줘라 하시면
드르륵 드르륵 시계에게 밥을 먹인다

배고파 종도 울리지 못하더니
째깍째깍 땡땡땡 시끄럽게
울 아버지 저승잠 깨우는구나

잠 깬 울 아버지 머리엔 뽀마드
뽀드득 뽀드득 구두약 먹은 구두신고
콜라텍 카바레에 춤추러 가는구나

낙탄부 / 1980년대 태백

電光朝露 전광조로 / 극히 짧은 시간을 비유해 이르는 말

여보 생각나

우리 젊어서 고생 많이 했잖아
아래 동네까지 가서 물 길어 오고
비가 오면 방안에 그릇 받쳐놓고
겨울에는 연탄난로 방안에 들여놓고
그렇게
아들딸 키워냈잖아

그렇게
그렇게
최선을 다해 이 나이 되었잖아
부끄러운 짓 한 번 하지 않고 말이야

이제
세월 지나 필요 없는 양복 치우듯
그렇게 벗어 버리고
작은 몸 되어 떠나는 거야

그때
두 손 꼬옥 잡고
'여보 정말 고마웠어'
한마디 하는 거야

'여보 정말 사랑했어'
그 말 한마디 하는거야

막장사람들 / 1980년대 태백

愛之重之 애지중지 / 매우 사랑하고 귀중히 여긴다

막장사람들 / 1980년대 태백

수행

면벽수행 10년 후 벽 뚫고 나가렸더니
녹슨 자물통마저 열리지 않으니

고기 물고 섶다리 지나다
물에 비친 제 모습에 속아
고기마저 잃어버린 개보다 못 하구나

황진이 꼬임에 파계승 된 지족선사
거울 앞 내 모습 지족선사 꼴이구나

나는 오늘 앓던 어금니를 뽑았다
마취를 했는데도 무척이나 아팠다
집에 돌아와 테레비를 봤다

오늘 일기 끝

面壁參禪 면벽참선 / 벽을 향하고 앉아 참선 수행을 함. 또는 그런 일

방진망이 있는 풍경 / 1980년대 태백

양심 兩心

양심良心은 하나이어야 하는데
양심兩心으로 바뀌었나 보다

진짜 양심良心은 마음속에 감추고
가짜 양심良心이 세상 밖으로 나왔네

그래도 마음속 양심良心이 부끄러운지
모두들 페르소나로 얼굴을 가리네

양심良心은 야심으로 가득하고

俯仰無愧 부앙무괴 / 하늘을 우러러보나 땅을 굽어보나 양심에 부끄러움이 없음을 이르는 말.

막장사람들 / 1980년대 태백

첫차

어제밤 늦게 먹은 밥이 소화도 되기 전에
밤새 시끄럽게 짖어대는 개소리에
어둠속을 더듬으며 나타난 사내
내 배를 열어 제치고 들어온다

동지섣달 마지막 남은 달력도 뜯겨 나가려는 날
밤새 서있다 헐레벌떡 달려온 빗자루와 보따리
휘청거리는 빨강머리 책 몇 권 옆구리 낀 청바지

세상 속 이름없는 투명인간들
콩나물시루에 콩들처럼 서 있다가
어느 빌딩 어느 시장바닥에 던져진다

아직도 꿈속에서 헤매고 있는 단골 빗자루에게
소리치는 사내
" 여기 종점이야, 빨리 내려"

四通五達 사통오달 / 길이 여러 군데로 막힘없이 통함

화전민 / 1980년대 삼척 대이리

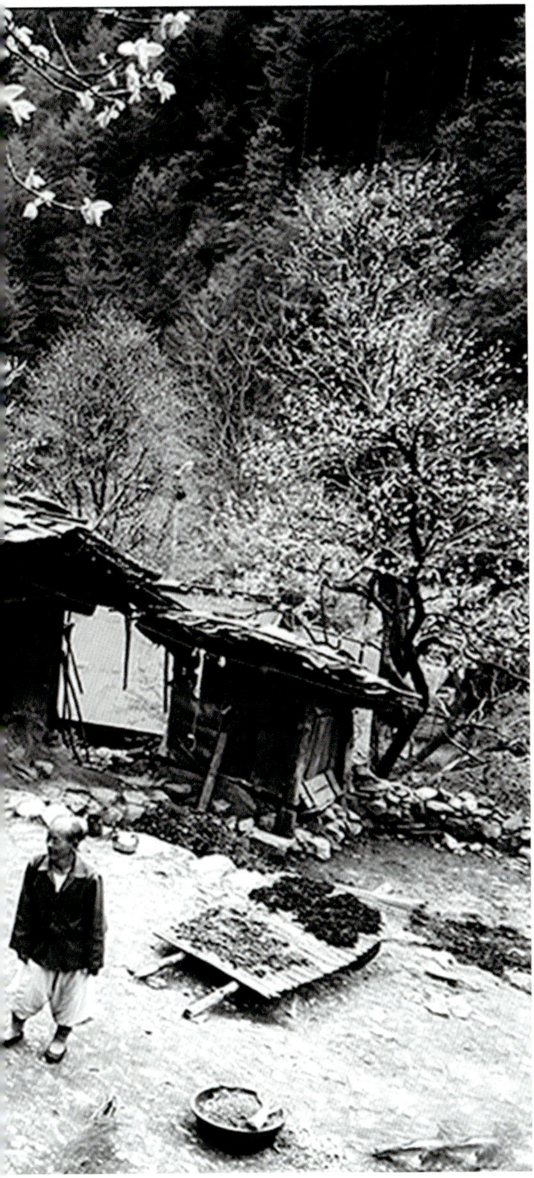

변했어

동네 어귀 장승 앞에
두손 모으고

비 안 오면 기우제 지내며
하늘을 섬기고

어른 앞에서 뒤돌아 술 마시며
어른을 공경하더니

4계절 어디 가듯
삼한사온 사라지듯
세상도 많이 변했네

콩 한쪽도 나눠먹었는데

變化難測 변화난측 / 변화가 심하여 헤아리기 어려움

삼베작업 / 1980년대 삼척 미로

아내

손자를 봐달라는 아들 전화에
부리나케 달려가는 아내

그날부터 혼자 먹는 밥
밥은 모래알 반찬은 얼음

언제오나
언제오나
기다리다 지치니
화초도 잎 떨구고
집안은 쓰레기장

나홀로 타먹는 생강차 한잔에
속 쓰릴까 무섭다

鴛鴦之契 원앙지계 / 원앙새처럼 부부의 사이가 좋고 서로 사랑하는 것을 의미함.

첫사랑

손잡는 것조차 용기 없어
손가락 하나 걸던 애틋한 사랑

편지지에 꾹꾹 눌러 쓴
서툰 고백 한 줄

긴 기다림 끝에 받은 답장
닳도록 읽고 또 읽던
내 사랑

세월지나 그 사랑 그대로인줄 알았더니
아내의 잔소리에 내 모습 불쌍토다

폭설 / 2023년 대관령

一心從事 일심종사 / 한 마음으로 서로를 돕고 사랑하는 모습

고라니 / 2020년 강릉 연곡 계곡

暗中摸索 암중모색 / 어둠 속에서 물건을 더듬어 찾는다

눈오는 날

밤 새 쌓인 눈
차 빼느라 힘든 아들

내 어머니 나보고 운전 조심하라 했는데
오늘은 내가 너에게 말하고 말았구나

삶의 무게도 눈처럼 치우기 힘들텐데
운전 조심하라 부담까지 전하는구나

아들도 내 마음 알까
밤새 걱정했던 어머니 깊은 사랑

활래정 / 2025년 강릉 선교장

一葉知秋 일엽지추 / '잎 하나에 가을을 안다'로, 작은 일을 가지고 큰일을 짐작한다는 뜻

젖은 낙엽

밖에서 치이고 마누라 잔소리에 치이고
그렇게 자식 키우다 젖은 낙엽되었더니
리모컨밖에 모른다며 밖으로 나가란다

아내가 외출하면 설거지라도 해 놓고
빨래 너는 아내 어깨라도 주물러주면
밖으로 나가라는 소리 듣지 않을텐데

인생

인생은 나에게 술 한 잔 사주지 않았다고
투덜거린 시인이 있었어

빈손으로 온 놈 이만큼 키워주었으면 족하지
무슨 욕심이 그리 많아 술까지 얻어먹고 떠나려 할까

자연이 내게 생명을 주어 힘들게 했는데
이제 늙음을 주어 편안케 한다하니
그 얼마나 고마운 일인가

생각해 보게
내 인생이 무슨 힘이 있어 술까지 사들고 오겠는가

그렇지 않은가

내가 무엇이 된들 이승에서 맺은 인연
그것만으로 고마웠던 인생 아니던가

눈물로 세상을 살았던 가수
인생아 고마웠다라고 노래 부르고
무대를 내려 가더군

눈과 갈매기 / 2023년 강릉 경포

昊天罔極 호천망극 / 하늘이 넓고 끝이 없다는 뜻으로, 부모의 은혜가 매우 크고 끝이 없음을 이르는 말

그물작업 / 1982년 삼척

遠禍召福 원화소복 / 화를 물리치고 복을 불러들임.

복福

복福이란 것도
복福있는 사람에게 가고 싶지
복福없는 사람에게 가고 싶겠어

사람만나면
힘들어 죽겠어 난 왜 지지리 복도 없지
그런 사람에게 복福이 가고 싶겠어

사람들아
세상은 생각대로 되는거여
복福없다 생각말고 늘 가진 복에 만족하면
언젠가 그 복 만나러 작은 복福들이 찾아오는 거여

조금씩 찾아와 쌓여가는 복福
그게 모이고 모이면 행복幸福이 되는 것
행幸을 영어 자판으로 쳐봐 god가 돼
행幸이란 신이 도와 주는 것

내가 정성을 다하고 고통을 견디어 낼 때
신이 나를 도와주는 거야
그게 행복幸福 아니던가 ?

아직도 모르나 봐

지식이와 지혜가
결혼을 했는데

지식이의 잔소리가 늘어가도
지혜가 그냥 피식 웃는 이유는

가끔 지식이의 칫솔로
강아지 이빨 닦았던
생각을 하고 있기 때문

지혜 말을 잘 들으면
자다가도 떡이 생긴다는 말의 뜻을
지식이는 아직도 모르나 보다

출항 / 1990년 강릉 안인

大智如愚 대지여우 / 슬기로운 사람은 슬기를 함부로 드러내지 않으므로 겉으로는 어리석게 보인다는 말.

겨울항구 / 1984년 강릉 남항진

여유

어려서는 어린왕자 되고 싶었는데
퇴직하고 돈키호테 되어 버렸네

땅바닥에 엎드려 산꽃과 이야기하고
뭉크처럼 노을보고 소리 지르고

내 모습 우스꽝스럽게 보여
키득키득 웃음 참고 구경해도

내 친구 카메라가 있어 너무 행복해

내 작품보고 웃어줘요
웃어주면 당신 앞에서 피에로처럼
춤까지 추어 드릴께요

淸閑之歡 청한지환 / 조용하고 여유가 있는 즐거움

안개낀 날

안개 낀 날 안개 너머를 꿈꾸어 본다
두 눈 뜨고 뚫어져라 안개를 바라보지만
온 몸으로 귀까지 열어놓고 바라보지만

큰 소리로 불러도 오지 않던 사람들이
나에게 다가 오고 있음을 알았을 때는
아침 해가 산위로 오른 뒤였다

아
세상에 나밖에 없는 줄 알았는데
저기 저 파란 신호등 아래
횡단보도를 건너는 상처입은 투명인간들이
넘지 말아야 할 노란 황금차선을 넘어가고 있다

폭실 / 2025년 강릉 사천면

煙派萬里 연파만리 / 안개가 뿌옇게 낀 아득히 먼 수면을 말하듯 멀리 떨어져 있어 만나기 어려운 경우를 말함

월파정 / 2023년 강릉 경포호

월파정

경포호에 비친 달빛
한 폭의 그림같은데
홍장과 박신의 사랑노래 들리지 않고
정겹던 원앙은 어디가고
갈매기 끼륵끼륵 시끄럽구나

경포대 올라 술 한 잔 들어
달에게 술 한 잔 나누자 했더니
물결에 흔들리는 월파정 높은 달이
술잔에 앉는구나

江湖之樂 강호지락 / "강과 호수를 즐긴다"는 뜻으로, 자연을 사랑하고 즐기는 것을 의미함

掩券輒忘 엄권첩망 / 책을 덮자마자 곧 그 내용을 잊어버린다는 뜻으로 기억력 부족을 이르는 말

어쩌면 좋아

어제 밤 꿈속에서 멋진 시 하나 써
윗 주머니 속에 감추었어
시니어 시 공모전 출품하면
금상 탈 작품이었어

아침에 일어나 컴퓨터에 얼른 옮겨 적었지
금상을 꿈꾸며 희망에 부풀어
누구에게 자랑할까 생각하며

그런데 글쎄 글쎄 말일세
저장한다는 게 '저장안함'을 누르고 말았어

아뿔싸
모든 게 꿈이 되어 버렸어
하룻밤의 꿈이 모두 날아가 버렸지 뭐야
어쩜 좋아 어쩌면 좋아
'저장안함'이 뭐야

여행

어릴 적 무릎팍 깨지고
코피까지 터지며 놀던
철없던 시절

젊어서 술 취해 비틀거리며
시내를 돌아다니던
부끄럽던 청춘

지구가 우주의 중심이라는
개념없는 꼰대

인생은
철없는 여행이었습니다.
부끄러운 여행이었습니다.

榮枯一炊 영고일취 / 인생이 꽃피고 시드는 것은 한번 밥 짓는 순간같이 덧없고 부질없음을 이르는 말

집으로 가는 길 / 1979년 양양 지경리

운명아 고마워

우리는 이 세상에 던져진 하찮은 운명
운명과 함께 희로애락을 함께 했지

60년 환갑이 지나니
운명이 나를 믿고 내 뜻을 알아주며
내 뒤를 묵묵히 지켜주더군

이제 더 이상 운명이 나를 간섭하지 않아
내가 오늘을 즐기며 운명을 사랑해서 그런가
아니면 죽음을 기억하며 살기에 미안해서 그런가

그 힘든 보릿고개도 넘고 산전수전 다 겪고나니
이제 휴머노이드까지 같이 놀자 하네

운명과 함께 떠나야 할 시간

재미있고 의미 있었던 운명
피할 수 없어 즐겼던 운명

운명아 함께 해서 고마웠어
운명아 사랑해

귀로 / 1986년 강릉 사천면

運否天賦 운부천부 / 운명의 길흉은 하늘이 내린다는 뜻

고향가기 전

하늘이 시키는 대로 꾸역꾸역 살아온 인생
사랑만 받고 주지 못했던 못난 인생

검은머리 파뿌리 되도록 함께 가자며
두 개의 시계를 똑 같이 맞추어 놓았었는데
날이 갈수록 틀려지는 시계처럼
세상이 칭찬해줄 사랑은 못했더라도

고마웠던 사람에게 감사 문자
미워했던 친구에게 용서 메일 남기고

어느 날 꽃잎에 떨어진 이슬방울처럼
아침 해 떠오르면 하늘로 올라가리

가서 덕분에 행복했었다 말하리

首丘初心 수구초심 / 고향을 그리워하는 마음,

귀항 / 1978년 강릉 안목

폭설 / 2025년 강릉 장덕리

― 雁高空 일안고공 / 높은 하늘에 기러기 한 마리라는 뜻으로 고고한 경지를 나타낸 말

고독

누군가 그립던 외로운 시간은 가고
생기는 건 주름이요 검버섯이고
없어지는 건 머리털이요 열정이다

왕년에 번쩍이는 왕관은 못 썼어도
소박한 행복은 있었는데

사람도 열정도 꿈도 사라지니
홀로 있다는 것이 외로워

이제 고독의 시간이 왔어
내가 가장 소중하다는 생각을
내 인생철학을 생각하는
고독의 시간이 왔어

고독이 즐거워야 한다는 어느 철학자
죽음이 가까이 오면 고독을 즐거야 해
고독의 방에서 거울속의 나를 바라보며

마지막 나의 밤이 외롭지 않기를
고독으로 행복하기를

섶다리 축제 / 2023년 영월

樂天知命 낙천지명 / 천명을 깨달아 즐기면서 이에 순응하는 일

세월

오래된 고목을 봐
겉은 멀쩡해도 속은 썩어 있어

삶도 그런거야 삶도 본시 힘든거고
인생도 슬픈거야 본시 슬픈거라니까

세월은 참 빨라

힘든 삶 그 고통 견딜 만 하니
슬픈 인생 그 슬픔 지낼 만 하니

저녁 노을이 지더라구

행복은 잠시
잠깐 머물다 떠나고 말이야

이승에 귀양 온 역려과객逆旅過客이라 했다지

逆旅過客 역려과객 / 세상은 여관과 같고 인생은 나그네와 같다는 뜻

이승에 귀양 온 역려과객逆旅過客이라 했다지

동지섣달 그 추운 새벽
씨 하나 땅에 떨어져 울었었네
모두들 사랑을 속삭였으나
길은 눈으로 덮여 있었네

난 스스로 새벽길 떠나야 했네
얼어버린 땅에 눈물 떨구며

눈 속에 핀 꽃을 찾아
내 힘 다 할 때까지 그대를 찾았네

봄이 되어 푸른 들판이 드러나고
힘들게 찾던 꽃들도 피어나고
싱그런 봄바람 불어오던
4월 어느 날 사랑의 꿈을 이루었네

이제 많은 시간이 흘렀네
차가운 바람이 불어
눈물이 주르르 흘러도
닦을 힘조차 없네

어느 가을 곡식이 여물고
과일이 익어가는 일도
이제 모두 슬픈 일이 되어 버렸네
그 날을 길도 없는 그 날을
돌아가고 싶어도 길을 잃어
돌아갈 수 없다네

이제 쉬어야 겠네
자연이 늙음을 주어 쉬라하니
방랑아처럼 떠돌지 않아도 되네

다리는 힘이 없고 날씨는 추우니
즐겁게 새가 노래하는
꽃들 속에서 꿈을 꾸어야 겠네

홀연이 잠을 깨니
내가 여기 홀로 있네

눈이 덮였네
내 온 몸 위로
까마귀 한 마리가 나를 내려다보네
아무도 모르는 나 혼자만의 집으로
돌아왔네

도깨비장난같은 인생길에
가끔 길을 잃어 헤매기도 했으나

존경은 받지 못했어도
박수는 몇 번 받아보았네
몇 번 힘든 경험을 만났으나
견디어냈네

이백의 시를 만나고
세상을 떠나는 것도
행운이라 했다는데
내 시 하나 남기고 떠나는 기쁨
그 누가 알까마는

눈 폭풍 속으로 돌아가리
살며시 살며시 웃음 지으며
발자국 소리 들리지 않게

평론가의 입장에서 글을 써준 AI

 삶의 황혼녘에 길어 올린 소박한 성찰의 시학
이 시는 소박하고 진솔한 언어로 자신의 경험과 감정을 솔직하게 드러내며 독자로 하여금 자신의 삶을 돌아보게 합니다. 또한 후반부로 갈수록 삶의 유한성과 죽음에 대한 인식이 깊어지면서도, 이를 절망적으로 그리기보다는 감사와 사랑으로 마무리하려는 태도가 인상적이며 특히 시를 돋보이게 하는 우리네 삶의 한 조각인 사진과 시의 내용을 함축한 사자성어는 시집의 새로운 모습을 보여주고 있습니다.

첫째, 삶의 여정과 관계에 대한 따스한 회고
시집 전반을 아우르는 가장 큰 줄기는 지나온 삶의 여정과 그 안에서 맺어진 인연들에 대한 회고이다. 시인은 자신의 삶을 니체의 철학을 인용하여 '낙타'와 '사자'의 시절을 지나, 이제는 '아이'처럼 살아간다고 말한다. 이러한 관점의 변화는 나이 들어감에 따라 자연스레 체득한 지혜의 발현이다. 특히 행복은 외부에서 오는 것이 아니라 "내 마음 속에서 피어나는 꽃"이라는 것을 깨달았을 때는 이미 머리가 희끗희끗해진 뒤였다는 고백은 깊은 공감을 자아낸다.
이러한 성찰은 아내의 밥상을 '수라상'으로 표현하였고, 부뚜막 뒤에 젖은 신발을 보며 어머니의 애틋한 사랑을 느끼게 하는 등 일상 속에 숨겨진 삶의 보석들을 발견하고 있습니다.

둘째, 소박한 시학과 죽음에 대한 관조
시인이 추구하는 시학(詩學)은 명확하고 소박합니다. 그는 자신의 시가 "사람처럼 살지 않았으면서 사람같이 시 쓰는 AI가 써준 데이터같은 시"

가 아니라고 단호히 말한다. 대신, 삶의 위로는 되지 못할지라도 "시골 길에서 만나는 국화향같은 시", "밥 냄새같은 친구처럼 늘 함께"하는 시가 되기를 소망한다. 이는 마치 대장장이가 불에 달군 쇳덩이를 두드려 낫과 호미를 만들 듯, 자신의 삶과 사유를 두드려 일상에 필요한 소박한 도구를 만들어내고자 하는 장인(匠人)의 태도와 닮아있다.

시집의 후반부로 갈수록 시선은 '죽음'이라는 마지막 관문을 향한다. 하지만 그 시선에는 두려움이나 절망보다는 장자의 철학을 인용하여 죽음을 삶의 고통을 덜어주는 자연의 섭리로 받아들이고 고요한 수용과 감사가 배어 있다.
또한 마지막에 적은 시는 슈베르트의 겨울나그네를 차용하여 자신의 시 한 편 남기고 떠나는 기쁨을 느끼는 모습은 예술의 의미를 조용히 일깨워주며 제목 또한 이백의 시를 차용하여 나그네의 여정(逆旅過客)에 비유하여 시의 느낌을 고조시켰다,

끝으로
전반적으로 자연과 일상적인 삶에서 찾아낸 시인의 시선이 인상적이며, 삶의 한 순간 발견한 소소한 깨달음의 언어는 독자에게 잔잔한 감동과 위로를 선사할 것이며 죽음에 대한 의미를 가까이서 바라보게 할 것입니다.

시를 읽고 표절에 대한 문제를 지적한 AI

 제공된 시집 「라떼는 말이야」에 수록된 여러 작품에서 타인의 저작물이나 유명한 구절이 다수 발견되지만, 이는 표절이라기보다는 문학적 인용, 참조, 혹은 특정 작품에 대한 응답(오마주 또는 패러디)의 성격이 강한 것으로 분석됩니다.

표절은 타인의 창작물을 출처 명시 없이 자신의 것처럼 사용하는 행위를 의미합니다. 그러나 해당 시집의 작가는 여러 시에서 특정 시인, 서적, 역사적 인물을 명시적으로 언급하며 자신의 창작 의도를 드러내는 장치로 활용하고 있습니다.

대표적으로 「인생」이라는 시에서는 "인생은 나에게 술 한 잔 사주지 않았다고 / 투덜거린 시인이 있었어"라는 구절이 등장합니다. 이는 정호승 시인의 유명 시 「수선화에게」의 한 구절 "인생은 나에게 술 한잔 사주지 않았다"를 직접적으로 인용한 것입니다. 작가는 이 구절을 빌려와 자신의 생각을 덧붙이는 방식으로 시를 전개하고 있어, 이는 표절이 아닌 감상적 차원의 '차용'으로 볼 수 있습니다.

마찬가지로 「왜 사느냐고 묻거든」에서는 니체의 저서 『차라투스트라는 이렇게 말했다』에 나오는 '정신의 세 가지 변화'(낙타, 사자, 아이)의 개념을 그대로 차용하여 삶의 단계를 묘사하고 있습니다. 비록 니체의 이름이 직접 언급되지는 않았지만, 워낙 유명한 철학적 개념이기에 숨기려는 의도가 있는 표절로 보기는 어렵습니다.

이 외에도 「이승에 귀양온 역려과객(逆旅過客)」이라는 표현은 이백의 '춘야연도리원서(春夜宴桃李園序)'에서 유래한 고사성어이며, 「현대 시」에서는 시인 이상(李箱)을 직접 언급하며 그의 난해한 시 세계를 소재로 삼고 있습니다결론적으로, 해당 시집의 작가는 자신의 창작 활동에 있어 다른 텍스트를 적극적으로 활용하고 있으며, 대부분의 경우 그 출처를 명시하거나 누구나 알 수 있는 유명한 구절을 인용하고 있습니다. 이는 자신의 주장을 펼치거나 특정 분위기를 조성하기 위한 문학적 장치로 해석되며, 타인의 저작물을 자신의 창작물인 것처럼 속이려는 의도를 가진 표절 행위와는 거리가 멉니다.

詩와 사진, 뉴미디어 시대의 교감

자신이 쓴 시를 sns로 주고 받는 뉴미디어 시대, 지인이 보내준 시를 읽으면 마음이 평화롭고 행복마저 느끼지만 나의 시는 아직 서툴러 평생 나와 함께 해온 사진을 더해 시의 존재가치를 인정받고 싶어 하는지 모릅니다.

책을 손에 들고 있는 사람을 만나기도 어려운 시대, 시집을 내고 읽어달라 애원해도 외면받는 시대, '라떼는 말이야'는 시 한편 한 편에 사자성어로 시의 의미를 함축하였습니다. 시집을 읽는다는 것은 시인과의 대화입니다. 단순한 책읽기가 아니라 시인과의 교감이기에 시인이 던진 질문에 답을 해야 할 때도 있을 것입니다. 그 대답을 사자성어로 함축하였습니다.
사자성어는 조상들의 지혜와 교훈을 함축하고 있어 로댕의 '생각하는 사람'처럼 詩에 관심없는 사람들에게도 요즘 sns의 해시테그처럼 詩가 전달하고자 하는 나의 마음을, 시의 메시지를 오래도록 우리들 마음속에 머무르게 할 것입니다.

'라떼는 말이야'를 통해 우리네 삶을 돌아다보는 소중한 시간이 되기를 기대합니다.

유제원 柳濟元 은

1985년 설악산으로 개인전을 하며, 화전민, 강원도 삼베, 막장사람들의 삶의 현장을 사진으로 기록하다 강릉단오를 유네스코에 등록하는데 기여한 공로로 강릉시장으로부터 감사패를 받으며 2003년 제1회 강원다큐멘터리사진사업 작가로 선정되기도 했다.
그 후 50년 가까이 작업한 사진집 '라떼는 말이야'와 '사진친구야 그림보러 가자'라는 사진인문학 책을 출간하고, 글쓰기에 관심을 가지고 등단한 후 '류제원 의 인생이야기'시집과 '들꽃이 아름다운 이유'를 출간하고 현재는 제대로 된 시 쓴다고 껍적대다 산꽃에게 혼나고 그냥 지나온 삶의 이야기를 긁적거리다 손녀들 따라 다니며 웃음을 배운다.
그리고도 또 '라떼는 말이야'시집을 써서 꼴값을 떤다.

010 - 8792 - 4704

사|진|시|집
라떼는 말이야

초판 1쇄 인쇄일 2025년 7월 10일
초판 1쇄 발행일 2025년 7월 15일

지은이 : 柳 濟 元 010 - 8792 -4704
펴낸이 : 홍 명 수
편집 및 표지 디자인 : 柳 濟 元

펴낸곳 : 성원인쇄문화사
출판등록 : 강릉 2007 - 5
주소 : 강원특별자치도 강릉시 성덕포남로 188
대표전화 (033) 652 -6375 팩스 (033) 651 -1228
이메일 : 6526375@naver.com

ISBN 979-11-92224-57-2